이선숙 시집

사계의 풍경과
사람의 풍경이
만났을 때

순수시선 661

사계의 풍경과
사람의 풍경이
만났을 때

이선숙 지음

2023. 3. 10. 초판
2023. 3. 15. 발행

발행처 순수문학사
출판주간 朴永河
등록제2-1572호

서울 중구 퇴계로48길 11 협성BD 202호
TEL (02) 2277-6637~8
FAX (02) 2279-7995
E-mail ; seonsookr@hanmail.net

저자와의 합의하에 인지를 생략함
잘못된 책은 바꾸어 드립니다

ISBN 979-11-91153-45-3

가격 10,000원

이선숙 시집

사계의 풍경과
사람의 풍경이
만났을 때

순 수

◆ 서문 ◆

나의 할아버지 이준은 할머니 박백이

아버지 이형직 엄마 허숙례

외할아버지 허범양 외할머니 이전주

그리고 계절과 사람과

문자를 사랑하는 모든 이들에게

이 시집을 바칩니다.

| 목차 |

서문 · 11
시를 보내며 · 124

아름다운 것들 · 1 · 17
아름다운 것들 · 2 · 18
전설 향기는 이름을 낳고 · 19
성북동 기와집 툇마루에서 · 20
풍물놀이는 좋-은 것이여 · 1 · 21
풍물놀이는 좋-은 것이여 · 2 · 22
오월의 꽃상여 · 1 · 24
오월의 꽃상여 · 2 · 26
사계 · 28
이토록 빛나는 동무들아 · 29
산 · 1 · 30
산 · 2 · 31
포인세티아꽃 · 32
풍요로운 삶의 요건 · 33
메아리 · 34
눈 · 35
봉순이에게 · 36
주름꽃 · 1 · 38
주름꽃 · 2 · 39
뻥튀기 아저씨 오신 날 · 40
주방에 꿀 항아리 있다오 · 42
살림하기 좋아하는 남자, 싫어하는 여자 · 44
골목길을 찾아 주세요 · 46
늦가을 · 48

글자 혁명 · 49
AI 혁명 · 50
21세기 중국 농민공 · 51
장광 옆에서 · 1 · 52
장광 옆에서 · 2 · 53
무심천에서 · 1 · 54
오월의 푸른 기둥 · 55
봄비 내리는 밤 · 56
두 친구 · 57
꽃이 돋보이는 건 · 58
중년의 달밤 · 59
서울 – 최 경비원 님의 호소 · 60
애정에 관하여 · 61
허전한 날 · 62
인연: 일곱 송이 백합 · 63
거리두기 · 64
학교에서 · 66
선구자 노래 · 67
씨앗을 뿌린 사람 · 68
코로나19여, 안녕 · 1 · 69
코로나19여, 안녕 · 2 · 70
바닷가에서 · 72
나는 신라 여인 수막새이로소이다 · 74
순신 오라버니 · 3 · 76
순신 오라버니 · 4 · 78
교산 허균 · 1 · 80
교산 허균 · 2 · 81
홍선 대원군과 고종 그리고 민비 · 82

내시 김처선 · 84
제주 무명천 할머니 · 85
장미는 떠난다 · 1 · 86
장미는 떠난다 · 2 · 87
한라산 · 1 · 88
한라산 · 2 · 89
유묵은 유품이 되어 · 90
구인리 · 11 · 92
구인리 · 12 · 93
구인리 · 13 · 94
구인리 · 14 · 96
구인리 · 15 · 98
구인리 · 16 · 100
하늘을 나는 안창남 · 102
메주콩의 변신 · 1 · 103
메주콩의 변신 · 2 · 104
메주콩의 변신 · 3 · 106
메주콩의 변신 · 4 · 108
리진에게 · 1 · 109
리진에게 · 2 · 110
리진에게 · 3 · 111
리진에게 · 4 · 112
리진에게 · 5 · 114
실패 – 일기 · 116
헛간에서 · 1 · 118
헛간에서 · 2 · 120
감사합니다 · 121
꿈 속에서 만난 체코 프라하 · 122

사계의 풍경과
사람의 풍경이
만났을 때

아름다운 것들 · 1

고모의 눈썹에 핀 백작약
이모의 미소에 핀 백장미
외갓집 지붕에 핀 흰박꽃
동물원 마당에 핀 백공작
토함산 언덕에 핀 석굴암
신부의 어깨에 핀 드레스
동짓날 하늘에 핀 소금밭
그리고
우리들 얼굴에 핀 고운 양심

아름다운 것들 · 2

조상님 손길에 자란 창살문 청동화로
할아버지 주름에 자란 까만 갓 흰 두루마기
할머니 웃음에 자란 구리 비녀 쪽 찐 머리
흙덩이 속에 자란 황금 씨앗 고봉 밥
명동 성당에 자란 달빛 성모 마리아 흰 예수
절 뜨락 탑돌이에 자란 둥근 기도 부처의 향 내음
집 뒤뜰에 자란 장독대 엄마 냄새
그리고
우리들 고향에 자란 청보리밭 순한 슬레이트집

전설 향기는 이름을 낳고

안동 하회 마을에서
양반탈 부네탈 각시탈 탈춤 춰요
양반 상놈 한 덩어리 되어
세상 안과 밖 쪼개네요

외눈박이 도깨비에서
전설의 고향 떠올라요 비 쏟아지는 가을 묘지에서
긴 머리 소복 입은 여인이 슝웅 올라와요
아마 한을 품었겠죠

오래 묵어 메주 향기 나는 것들
느린 전설 타고 길을 갈라요
진한 그리움이랑 향 내음은
전설 따라 이름을 낳아요

성북동 기와집 툇마루에서
– 한국미를 사랑한 최순우 선생님을 그리며 –

여름비가 뒤뜰 장광을 후두두두 흔들 때
하이얀 눈이 박물관이나 궁궐을 사뿐사뿐 거닐 때
수정 빛 애정으로 은침 금침 놓은
한 남자 보고파 집니다

가야 오리형 토기, 반들반들 대청마루, 수틀 속에 핀
누나의 그림자, 부지깽이, 색색의 노리개… 조차

쨍쨍한 훈기 넣어 말문 트이게 하고
새로운 은박 금박 입혀 스란치마 펼쳐 준 사람

지금도 부석사 무량수전 돌계단에서 먼 산 바라보며
'또 무엇을 이름 붙여 단물 고이게 할까'
고민할 것 같은 한 영혼

고풍스런 풍경이 백동 나비로 활활
황무지에서 백금 번쩍
아시아의 보물 지켜 내신 당신

옛 주인은 가고 없지만 손길은 후끈후끈
그윽한 숨결과 놀다 갑니다
고구려 얼굴 닮은 한 남자 집에서

풍물놀이는 좋-은 것이여 · 1
- 한바탕 신나게 놀아 보세 -

-깨갱 - 깨갱 - 깽깽깽-
묵은 사람과 나를 이어주는
실 같은 은가락지 같은 가락 있지

나는 원반 돌리는 사람- 얼쑤
공중, 웬 비행접시 빙빙 웽웽
초가집 옆 우물가 아낙네들 빨래하러 나오지
흰 수염 단 할아버지 새끼줄 꼬는 냄새 나지
구리 비녀 꽂은 할머니 송편 찌는 향기 퍼지지

나는 상모 돌리는 사람 -절쑤
허공, 둘둘 말아 우주 휘감는 흰 꼬리 푸른 물살
비단 물결 흐르지 발칙하게
뱅그릉 역사가 돌지 팽팽하게
얇고 좁은 구름 띠 구경꾼 칭칭 묶지 구름꽃 핀 듯이

산신령 옥황상제 용왕 도깨비 말뚝이 북청사자
모두 친구 되어 장구 북 소고 징 꽹과리 날라리
깨어지도록 놀아 보세 깨금발로 쾅쾅쾅

-따단 - 따단 - 딴딴딴-

풍물놀이는 좋-은 것이여 · 2
- 풍악을 울려라, 하나 둘 셋 -

유튜브를 칭찬해 전통예술단 여러분을 사랑해
한국 민속촌을 자랑해 감사해

한 무리 색동옷 입은 벌 떼와 독수리 떼 폴짝
온몸에 기쁨송이 슬픔송이 단 악기들이여
놀이문화가 성큼 납신다
문화유산 꽃 풍선이 납신다

이 풀풀 살아 흔드는 풍경에 나는 왜
어깨가 마구 떨려오고 물방울 맺히는지
수국 부풀어 만개할수록 인간 세상 부풀어 오른다

저 먼 체코 프라하 카를교가 돌돌
독일 브란덴브르크 광장이 돌돌
러시아 붉은 광장도 돌돌, 지구가 붕붕
구름꽃 꼬깔 쓴 그림자도
빙글, 삼색 띠도 뱅글…
온 나라 구석구석 평화가 빙글뱅글…

젊은이여 - 꽹과리를 씹어라
미움 욕망 자유여 - 호랑나비처럼 날아라

사물 농악 민속 전통놀이여 –
큰 북 소리 타고 타 들어 가라
단 – 풍 – 숲 – 으 – 로
-콩닥콩닥 – 쿵쿵쿵 – 둥둥닥닥 – 당당당-

오월의 꽃상여 · 1

또랑물 타고 골목골목 내려오는 파란 통곡
곧 둥근 집으로 사라질 위기의 사각 종이집, 꽃마차

뒷집에 살던 눈매 서글서글 했던 영남이 아버지
그 아저씨의 구성진 상여소리와 요령소리는 찰졌다
낡은 상여 틀, 상두꾼, 요령잡이
그 틀을 잡고 오열하는 상주
동네 구경꾼, 곡소리에 모두 전염되어
토끼 눈이 되어버린 마을

눈물에 젖은 가락과 종소리 허공에 엉엉
흰 상복 입은 엷은 광선 신작로에 앙앙
흙집에서 태어나 흙집으로 돌아가는
제 2의 고향집

수분 없는 마른 꽃, 마음 안에 처절히 고이는
마른 구리 종소리
보내고 남는 자, 빛살 공기 남기고 가는 자
:종교의식 냉혹하게 치른다
흙빛 정원 산그늘 아래 누워 어둠과 쉼에 섞여
백토가 되리

인정의 싸리나무 울타리 안에서 누군가가
내 탕국 마시리
이제 눈부심의 마침표 찍으리, 절대 강자 되어

- 어하 - 어하 - 어허어하 - 땡그렁 - 땡그렁 -
- 간다 - 간다 - 못 오는 길을 - 쩔그렁 - 쩔그렁 -

오월의 꽃상여 · 2

오월 어느 꽃들의 전쟁이 시작된 날, 들장미 터널 앞에서 갑자기 확 서러워졌다/ 그리고 꽃상여가 나갔던 옛일이 밀물처럼 쳐들어왔다/ 그 길은 존엄한 길이였음을 나이 50이 넘어 알았다/ 한각골 저수지 가는 모퉁이에 으스스 앉아 있던 행상집/ 귀신이 나올 것 같아 발발 떨며 지나갔던 기억/ 1년 내내 냉기만 흘러 외로웠을 그 집/ 마을 사람들 마지막 안식 지켜 준 찬란한 시멘트 집/ 나의 할머니 엄마 꽃상여가 앞마당 귀퉁이에 들어선 날, 그 뱀같이 차고도 무표정 했던 순간들이 점점 잊혀간다/ 그날 마당에 짓이겨진 슬픔과 서늘함/ 부침개 기름 냄새와 장작불 가마솥에서 끓던 동태찌개 콩나물찌개가 어우러져 뒤안 감나무를 타고 올라갔다/ 사람들 생과 사의 왁자지껄은 한바탕 아우성으로 스며들어 하늘로 곡예하듯 퍼져갔다/ 가난한 자들은 가난한 자들끼리 땡감 삭혀 먹듯 새콤달콤하게 엮어가고 있었던 것/ 마음 끝끼리 만나 파장을 일으켜 삶의 완성을 색칠하고 있었던 것/ 늘 질그릇에 박하 향기 심으면서 서로 큰 댓가를 바라지 않는 물빛 관계를 맺고 있었던 것이다/ 농부들은 비가 오나 눈이 오나 아침을 참되게 맞았다/ 똥강아지 집에까지 널부러진 햇살은 알고 있었다/ 눈으로 본다는 것과 인류의 평화가 무언가를/ 가진 것이 없기에 많은 것이 필요치 않던 사람들/ 그러니 사라지니까 서러워지니까 윤기 나고 사무치는 법을 알고 버렸다, 아낌없이/ 최후의 날에 가장 아름다운 의식을 덮어 준 사람들, 정이라는 이불로 곱게/ 오월의 장미 꽃다발이 너무 익어 꽃잎 한 장 한 장 흡혈하고 싶다

혈액 도는 꽃보다 더 가슴 아린 꽃을 보셨나요, 당신은, 비장미라는…

사계

1. 봄
물 오른 공기
연둣빛 물고기들이 유쾌한 물결 담아
이웃 마을로 소풍 간다

2. 여름
톡 쏘는 고급 물살
시냇물에 수박 참외 복숭아 오이 가둬 놓고
옆 사람 앞 사람과 추억을 쌈 싸 먹는다

3. 가을
안식처를 찾으라, 조류와 벌레에게 고함
땅 지하까지 뒤흔드는 벌초 소리
제 3의 명절, 우리는 대한민국 사람이다

4. 겨울
김장김치와 돼지고기 수육 한 접시
그리고 새우젓과 막걸리 한 사발
달빛 젖은 저녁 행복 100근
1년의 무게 우편 배달한 사계에게 박수를 하트를

이토록 빛나는 동무들아

청, 자로 모여진 말이 이렇게나 시원할 수가
청춘 청산도 청개구리 청군백군 청머루 청자

오, 자로 모여진 말이 이렇게나 이쁠 수가
오뉴월 오미자 오동도 오두막 오솔길 오작교

사, 자로 모여진 말이 이렇게나 싱그럽고 정겨울 수가
사과 사파이어 사슴 사립문 사다리 사랑방

산 · 1

빙산의 일각처럼 금광석 뿌리처럼
지하에서부터 어마어마하게 큰
세상 들어올리는
저 힘을 힘을
동맥과 정맥이 흐르는
저 산맥을 산맥을
닮고 싶다 가지고 싶다
산에는 산이 있어 가고 싶다
산, 문자에는 산 그림이 묻어나서 더 가고 싶다

       산

산   산

산 · 2

산은 어째서 꼬리에 꼬리 무는
악기 되어 제 살을 제 삶을 풀어 헤치는가

계절마다 나무옷장에서 옷을 꺼내 갈아입고
계절마다 악기를 선별해 노래 틀어 주고
올라온 사람들 업어 주고 밥을 주는가

봄산 - 플롯 대금
여름산 - 트럼펫 장구
가을산 - 하프 거문고
겨울산 - 바순 큰북

아, 산새 산마루 청설모 잎사귀 옹달샘 산고개
산안개…
취해서 쓰러지는 리듬 취해서 일어서는 메아리
아니, 어머니가 부른다 부른다

포인세티아꽃

아파트 골목에 깔려 있는 단풍루비
길바닥이 빨개졌다 뼈에 저리도록 고와
가을 속 금궤에 한 잎 두 잎 채운다

주목나무 위로 단풍 날아와 앵둣빛 리본 맨
포인세티아꽃 피다
가장 초록색다운 빛깔과 가장 빨간색다운 빛깔이
끌어안고 강렬한 부활 꿈꾼다
화려함의 결정체를 무기로
크리스마스 카드가 자애롭다 길바닥에 서 있는 너가
장렬한 전투는 곧 끝날 것이다 바람이 이 거리를
평정할 것이니

포인세티아꽃 다시 한 번 산타가 되어
이 가을 절정을 태워 주오 11월의 메리 크리스마스

풍요로운 삶의 요건

인생의 무게 사연도 많은 법
채송화 분꽃 달개비꽃 얼굴 작은 아가꽃이지만
온몸 던져 극치미 보여 주잖니, 이들 또한
남 몰래 흘린 눈물 왜 없었겠니

인생의 무게 성장도 많은 법
앞산 뒷산 다양한 물감 풀어
그들만의 성숙함 토해 내잖니 이들 또한
남 몰래 흘린 폭풍 왜 없었겠니

풍요로운 삶은 노동과 싸우는 법
발바닥 손바닥 머리에 굳은살 박히도록 일 년 내내
우리는 몸뚱어리 비벼 대잖니
그러니 꼭 살고 싶어 몸부림치지 않을 수 없잖니
패인 볼을 사랑할 수밖에 없잖니
괴로움이 커야 즐거움도 크다는 걸 알았잖니

메아리

하늘이 노랗게 피곤해 보이는 달 3월
삼천리 강산이 째앵 파도치는 달 8월
강물이 녹슬어 보이는 달 6월
3·1절 8·15 광복절 6·25 전쟁
만주벌판 낙동강에 멍든 자국 있다

오열 분노 이념 속에서 두 쪽 발 잃은 새들
검붉은 넋이 울고 있는 듯하여
10대 20대 나이에 눈알 잃은 천사들
해란강 백령도에서 들 까마귀 된 듯하여

음… 음… 음… 음… 음…

귓속을 달구는 메아리는 살아 있다
하얀 만세 연기, 큰 물방울 진주 그려진 태극기
힘껏 소리쳐

눈

하늘나라 나무정지문 부수고 내려오네, 너
사계의 끝에 서서 동화 속 나라 여행시켜 주네, 너
'눈 속의 사냥꾼' 브레겔 그림이 있어 더욱 추운 겨울
그 매콤함에 녹지 않는 사람들
그 알싸함에 묶여진 얼음 조각품
별사탕 술술 뿌려지는 초저녁
눈 위에 여우 불빛 발자국
들녘 긴 - 기차 소리 발자국
배냇짓 하르릉 거리며 수북이 오네, 너
영원히 가질 수 없기 때문에 눈빛이 떨고 있는, 나

움켜쥐는 건 사라지니까, 너무 맑은 건 사무치니까

봉순이에게
- 소설 '토지' 속 인물 -

봉순아!
사랑 사랑이 그렇게도 중요한 거였니
자라가 토끼의 간이 필요해 토끼를 끌고
용궁으로 가듯이
무엇이 너를 검푸른 저수지로 잡아 끌었니
바람 따라, 한 맺힌 소리 따라 한평생 장구치며
가야금 뜯으며 신나게 놀아 볼 것을, 못된 양반들에게
분풀이 해볼 것을
서희 아가씨도 상현 도련님도 양현이 네 딸도 너에게
한 줌 먼지 같은 존재였니, 그런 거였니
고운 얼굴 날개 달린 한복 청명한 노래
끈끈했던 나날들
불장난 치는 요괴가 빼앗아 갔으니
이 서러움 어찌할꼬
씨줄 날줄에 절여진 코스모스 같은 자여
운명의 상여틀에
쥐가 나도록 험한 삶을 살게 한 그 시절을 탓해라
어서
사랑하는 봉순아!
살아가는 무게가 시리다 시리다, 시려
죽어가는 연극이 아프다 아프다, 아퍼

그때나 지금이나 낡은 수레틀, 우리는
그 먼 나라에서는 부디 기화라는 이름으로
상처 받지 않길

추신: 청승맞은 소리 잘 한다고 꾸중한 너의 엄마도
잘 계시니?
네가 잘도 읊어 대던 귀신 쫓는 그 소리
오늘따라 고프다 고프다 고파

주름꽃 · 1

나는 보았다
시대에 패인 아픔 피부 결에 발랐음을
일자 세로 팔자 반달 나무뿌리 주름
주름골이 광주리에 널은 무말랭이처럼 쪼글
까만 점이 참나리 꽃밭에 점박이처럼 짜글
입 안 동굴이 거칠게 말라 가요 돈이 부족해요
고독이 목을 졸라요, 친구들이 사라져요 먼 고장으로
나이 듦, 그것은 약자가 된 게 아니예요
착각하지 마세요
나름대로 태풍 급 젊음 잘 끄고
새털 같은 은관 멋지게 쓴 거예요
그러니 가늘게 느슨해진 신경 줄 위로해 주세요
살살
환한 오렌지 빛 안정 취할 수 있도록
백도라지 같은 목숨 줄 존중해 주세요 조용히
두레상에 따신 밥상차려 맛나게 같이 식사해요
꼭 이요

주름꽃 · 2

나는 들었다
세월과 자연도 달팽이 같은 주름살 패인다는 걸

생의 전진 속에서 쌓여가는 외로움, 불확실한 미래
시간이 흐를수록 늘어만 가는 훈장
이것들이 없다면 영혼 없는 그림자

부안 변산반도 채석강의 명쾌한 나들이
바위 얼굴에 주름골 피어있는 공룡 발자국
구름골 바람골 인내골 뼈골이 지층 꽃 되어버린
절벽의 비밀 아시나요 과거의 흔적 보여주기 위하여
들려주기 위하여 화석 꽃이 되어버린 돌 같은 자들…
바다 냄새에도 주름골 피어 천년만년
울어버린 비밀…

떡 시루 단면에 겹겹이 켜켜이 쌓인 책
이집트 알렉산드리아 도서관이랑
서울 규장각 도서관이 궁금하다면
주름의 미학이 알고 싶다면, 이곳으로 오라 오라

뻥튀기 아저씨 오신 날

70·80년대 시골 동네 축제 분위기는
뻥튀기 아저씨 오신 날
모든 아이들 눈망울 부풀어 오르는 날

아저씨는 '뻥-이-요' 소리 하나로
마을을 평정시켰다
구수한 맛 하나로 도깨비 되고 요술쟁이 되었다
아이들은 동네 큰 쌀 창고 앞마당에서 흰 연기 나라에
놀다 갇혀 뜨거운 우정을 먹었다

시커먼 철 그물망태기에서 튀밥 냄새가 떼굴떼굴
가벼운 공기돌, 뽀얀 밥풀, 잠들은 양 떼
(옥수수 튀밥, 쌀 튀밥, 떡 튀밥)
이것들이 대 소쿠리에 안겨
설국을 이뤘다

붉은 장작꽃부리 물은 이쁜 괴물
풍로를 자꾸 자꾸 돌리면 산타 맛 과자가 신기하게
'뻥튀기-튀기-뻥튀기-튀기' 하고 튀겨져 나왔다
아무리 먹어도 줄지 않고 배부르지 않는 흰 과자

추억은 바람타고 꼬깃꼬깃 접어 올린
종이비행기 같은 것 구름장 무늬 같은 것
늘 고향 빛 겨울은 그렇게 옛 기억 문을 물고 온다
차돌멩이 같았던 아이들아, 맘 전한다

주방에 꿀 항아리 있다오

20년째 살고 있는 서원구 분평동 아파트
새들이 아침마다 사계를 연주하는 마을
서쪽 주방에 내 창 있다오

저물어 가는 봄 햇살이
스탠 냄비 수저통 주전자 그리고 내 분홍 손톱 위로
맘껏 튀겨지고 있다 몸 구석구석
일광욕 즐기는 친구들
은침 맞아 은비늘로 파닥거린다

네모난 창문으로 세상의 빛 다 들어온다오
KT 사옥 뒷마당이 보이고 키 큰 소나무와
은행나무가 만든
푸른 레이스 커튼, 어서 구워지기 바라는 은갈치 떼
(자동차 떼)가 보인다오
해가 저물어 가는 오후, 쉿 - 침묵할 것
열반에 들어간 고요
봄볕 잎에 취한 은볕 잎 사이로 고여 지는
고즈넉함을 위해

사계절 인정 많은 열린 창에서 금볕이

뚝　　줄　　찰
뚝　　줄　　찰
뚝　　줄　　찰

마음 전하는 은별 금별 꼬리 들어오는
후원 내겐 있다오
푹하고 푸짐한 빗살무늬 아카시아 꿀단지 있다오
그 창에 1년 내내 푸른 안개꽃 자라고 있다오

살림하기 좋아하는 남자, 싫어하는 여자
- 어느 해 11월 밤에 -

친한 언니가 도토리 가루 한 봉다리 주셨다
'금 나와라 뚝딱! 은 나와라 뚝딱!' 퇴근한 남편이
멋지게 요술 부리더니 탱탱한 갈색 빛 덩어리
쑤욱 낳았다, 큰 양푼에 새끼손가락 굵기 썰어
'남편표 도토리 묵밥' 만들어 냈다, 미꾸라지 같은

어느 가을이 끝나가는 11월 밤 11시
호들갑 떨며 먹는 상수리 나무밥
다람쥐에게 미안하나 갑자기 바오밥 생각이 나는 건
웬일

묵밥이랑 시원 소주 1병이랑 시원하게 유쾌하게
말아 마시는 가을 밤 이야기
두 장 남은 달력 뜨개질로 아쉬움 달래가는
한 남자랑 한 여자

북실북실 털실로 추어질 앞날 주머니
짜내려간다, 달님도 들어오고 싶은지 엿보는 깊은 밤
남편은 아내에게 꼬소한 야참 조끼를
아내는 남편에게 마음의 평화 조끼를

이때 흑진주 어둠은 찬바람 타고 어디로 가는지
집 안에 금궤 하나 없어도
털옷 수북하니 무슨 걱정

골목길을 찾아 주세요

담벼락에 훈훈한 기가 날아다니는 곳
여기는 사랑방
출입문 없는 바람구멍 빵빵 뚫린 곳

부슬비 하롱하롱 세월 적시는 곳
지렁이 달팽이 개미 무당벌레 도마뱀 귀뚜라미
사마귀 세상 구경 나오신 곳

살구 부풀고 맨드라미 봉숭아 백일홍
손수건 흔드는 곳
사람과 자연이 공짜로 만나 악수하고 공짜로 헤어져
이별문화 연습하는 공짜 커피숍

감꽃이 깔깔 깔린 그늘 아래 꼬마들 노는 흙 길
반두깨비 놀이에 취해 일하러 간 흙투성이 가족
기다리다
졸기도 했던 곳 (귀에서는 아버지 구르마 소리 음매…
경운기 소리 탈탈탈…)

사람과 사람의 정 이어주고 베풀어 주는 돌다리
마당 깊은 집

주인 없는 집 온돌방 같은 집 물푸레나무 같은 집
우물이 있는 정원 같은 곳 세상의 근원 모여 있는 곳
찾아 주세요 오늘 또 만나요

늦가을

태양의 집 하늘이
한 꺼풀씩 광란의 쌀쌀한
피부 벗겨 내는구나

풀잎의 집 들녘이
하루씩 잠잠한 수분 빼내는
수액 맞고 있구나

계절을 날쌘돌이로 탈바꿈하여
모과 향 짙게 그려내고 있는
이 몹쓸 허전함
이 주체할 수 없는 유랑의 습성

메주콩 열매의 집, 도리깨질로 콩 타작하자
콩 꼬투리의 집, 탈곡기에서 탈곡시키자

퇴색한 시간 데리고 망명 가자
곧 들이닥칠 초겨울을 위하여
누군가 가야지 새로운 누군가 오는 법칙 통쾌하구나

글자 혁명

인류 최대의 혁명 →
글자 혁명 →
(시원 섭섭한 공간에 문자가 앉으면
푸른 샘물이 터진다)
글자 전쟁 →
이 명쾌스럽지 못한 논리는
천둥치는 새벽인가
문자 혁명에도 왜
피 냄새가 나는지
소설가 김진명 님에게 물어 봤으면

AI 혁명

인공지능도 살결 속에 수혈 받을 수 있을까
오미자 색깔 받을 수 있다면
오돌개 색깔 되어 냉혈 인간 될텐데
인간에게 까불텐데, 호호호
가자 너랑 손잡고 은하수 밭으로

AI야, 얼음장 녹여줄 수 있는 깊은 정 보여다오
흰색 보라색 도라지꽃이 자신의 실핏줄
터지는 모습까지 다 보여 주잖니
너도 너의 감정 다 밝혀내고 친구 되어 다오
달나라 가서 토끼가 정말로 절구 찧고 있는지 가보자
어서

21세기 중국 농민공

사람은 무엇으로 사는가 말이지
결혼했으면 병아리 떼 양 떼처럼
뭉쳐 사는 게 정답인데 말이지
가난하다고 가족이 멀리 떨어져 산다는 게
말이 되나 말이지
부모님들은 도시에서 아이들은 시골에서
1년에 딱 한번 긴-긴 기차타고 춘절에 만난다지
서로 밤마다 그리움 울보 터져 기다림 체온 막혀
바람 발자국에도 숨이 멎는 사람들
미얀마 '아버지와 옹기' 다큐멘터리도
눈물 쏙 빼게 하지
아버지와 아들의 팔리지 않는 화분 장사
이들의 선한 눈망울에
홍수 터졌지 (소나기 폭우에 가마터가 물에 잠긴다)
먹고 사는 문제가 이토록 절박해서야
세상의 철학 문학 논문이 왜 존재해야 하는지
누군가 아는 사람 있다면 절을 올리리
이 나라 저 나라 모든 땅에 모란꽃 매화꽃 용선화
가득 피어오르길 바란단 말이지

장광 옆에서 · 1

흙 담장 돌 담장 안에
장 항아리들 한 가문 익어 갑니다
아롱이 다롱이 오롱이 조롱이 뼛속으로 삭혀 들면서

백자 사기그릇 물결 사발에
쪽 찐 머리 여인의 기원 떠갑니다 달빛 아래서
멀리 떠나는 남편, 달 덩어리보다 이쁜 손주
어디서든 무탈하라고 빕니다

장광 옆에서 · 2

뒤뜰, 고향 잃어버린 형제들
연두 물동이, 큰 질그릇 떡시루, 옹기 약탕기
거인 나라에서 온 간장독
한때는 한 집안의 대들보였지만
흐르는 세월 막을 순 없답니다
그냥 장 단지 울타리에서
'지난날의 빛깔과 향기로 납신다'
생각하소서

흰 못물 터져 생명선 흐르듯
천년의 집 귀신 되라 하소서

무심천에서 · 1

오른쪽 뚝엔 벚꽃가루 – 분홍신 발자국
왼쪽 뚝엔 개나리 꽃무덤 – 병아리 떼 쉼터
양 옆 사잇길 가운데 순환 흐르는 – 환한 생태계 물길

사금파리 속에 돋아난
냉이꽃: "보라 보라꽃 혼자 있으면 섭하지,
　　　　동무 하나 있어야지"
제비꽃: "그래 그래, 홀로 보단 짝꿍이 있어야지"
그러자 그 옆
애기똥풀꽃: "저기 저요, 나 똥 안 쌌어요
　　　　　　나도 짝꿍으로 끼워 주세요, 네"

하하하, 세상 참 재미나구나
뚝과 뚝 사이 하늘빛 호수 열어 물오리 물새
물장구 치고
천상의 별 내려와 움트는 곳 청주의 심장
제2의 도서관

오월의 푸른 기둥

1.
오렌지 오이 토마토 붕 뜨는 혈관
작약꽃수레 밀고 온 오월의 푸른 기둥
논두렁 밭두렁에 엄지만 한 개구리 가족
오월의 빛깔 타고 물감통에 빠져
인상파 화가 되었다

2.
찔레꽃 깨무는 찔레 잔가시
오래 만져야 알 수 있는 너의 의미
오래 보아야 알 수 있는 너의 눈빛
잔가시 꿈결 안에 산꿩이
푸짐하게 알을 품는다

봄비 내리는 밤

세숫대야에 떨어지는
연두 방울 연두 구슬
어느 용궁 빗물 소리 길어
잠 못 드는 이 밤

뒤안 장독대 엎어진 단지 뚜껑
단물이 연못 만들어 새벽 오면
봄비 예찬하는 제비
그 연둣물 찍어 먹으리

나리 나리 개나리 달래 달래 진달래 나팔 나팔 나팔꽃
색동 색동 색동옷 접동 접동 접동새 안개 안개 물안개
마루 마루 산마루 매실 매실 청매실 구절 구절 구절초
아리 아리 메아리 망초 망초 물망초 절구 절구 돌절구

흰 못물 가두는 봄비, 푸른 지구본이 고요하게
한글의 단어 잇기 끝말 끝이 없으리…

아리 아리 아리랑 시루 시루 떡시루 투리 투리 사투리
갱이 갱이 올갱이 팽이 팽이 달팽이 푸리 푸리 포푸리
그늘 그늘 꽃그늘 까신 까신 꽃까신 달래 달래 달래강

두 친구

소설을 읽고 나면
배가 불러요
쫀득쫀득 찰떡 맛나요, 새콤 달콤 매콤 맛나요
누룽지 숭늉 열 대접 맛보실래요?
가끔은 울화통이 다이너마이트 터지듯 하지만요
슬픔이 가슴 안에서 빨갛게 파도치지만요

시를 읽고 나면
마음 밑바닥이 환해져요
청포도 에이드나 아메리카노 뜨거운 커피를
마신 것 같아요
때론 시적 허용이라는 펌프질로
짜증이 나기도 하지만요
갈 수 없는 길을 갈 수 있고 만날 수 없는 사람을
만날 수 있고
꿈꿀 수 없는 꿈을 꿀 수 있답니다

트로트를 많이 좋아하시듯
이 두 친구 마라톤과 산책도 좋아해 주세요
저희도 사랑 받고 싶어요 듬뿍이요
문자와 친해지면 쓸쓸함도 작아진답니다

꽃이 돋보이는 건

쌀자루 달린 제비꽃, 귀고리 단 금낭화
종소리 나는 초롱꽃, 별 물은 호야꽃
눈덩이 굴린 불두화, 웨딩 화관 분홍 안개꽃
빨강 물감 고인 동백, 아가씨의 웃음 능소화
방울소리 울리는 은방울꽃, 아가의 얼굴 민들레

이 얼굴들이 유난히 빛나는 건
초록빛 원피스 입은 덕분이라오

수분 쨍쨍했던 꽃잎이 흙에 편안히 누워도
줄기와 잎사귀
존재감은 끄떡없다오 자존감 높다오
영광의 순간은 짧지만
딩 – 동 – 댕 울림은 오래도록 간다오

중년의 달밤

풀벌레 악단 음악회에 초대받아 가는
달밤은 달콤하구나

달님은 어둠이 있어서
중년은 떫었던 그림자 있었기에 좋구나

도서관에서 황금알 망태기에 빌려 오면서 새로운
신비감에 미쳐 보았나 붕어빵 입에 물고서
무언가를 오려내서 알아 간다는 것
힘찬 여행하고 온 기분

달밤 만나러 가는 나는
순한 중년의 물이고 싶다 아니 때론 강물이고 싶다
보고 듣고 말하고 갈등을 등에 업고 살고 싶다

버둥거리지 않는 순한 화분이고 싶다
- 플라스틱이 아닌 흙으로 구운, 손톱자국도 나고
  구름 냄새 갈비뼈 냄새도 찍혀 있는 그런 화분 -
이 집 저 집 주방 창가에 앉아 식물 키워 주는
순한 엄마화분이고 싶구나

서울 – 최 경비원 님의 호소

2020년 봄: 서울 강북구 O 아파트 최경비원 자살
원　　　인: 주민 갑질 주차 문제로 폭행 감금 협박
　　　　　정신적 육체적 고통 호소함

정당한 일터에서 내 아버지가 맞았다 부당하게
먹빛 하늘이 내려앉는다
날카로운 구름장이 말을 한다
돌아오는 어버이날에는 카네이션 꽃바구니
비에 홀로 젖겠다
남은 두 딸 집 잃어 어찌 하나
동학농민혁명에 애끓던 외침 어디로 어디로
정의 직업의 귀천 행복한 나라
사람이 사람답게 사는 것이
왜 이리 고된가
차별이라는 말 별차 타고 별나라로 가라
청회색 저녁놀 가고 평등이라는 햇살로 튀겨서 오라

애정에 관하여

고운정과 미운정은
교차로에서 울렁이는 파도

어쩌면 많은 시간 속에서 사라질 수도 있는
위기의

     섬

섬   섬

그러다가 마음 꼭꼭 전하면
기쁨의

     샘
샘   샘

허전한 날

둥그런 백자 항아리에
진달래 개나리 산국화 과꽃 모시고 싶다
아름다운 완성의 만족도에 푹 빠져
그렇게 살고픈 날 있다
거실 한 쪽 빛내림 외에
그 어떤 물건도 허용하지 않으련다
늘 미완성의 허술함에 선택적 변화 없이
살아가는 나와 당신
왜 항상 남의 떡은 더 크고 따끈해 보이는지
가만히 있으면 가마떼기가 되고
수다 떨면 수다쟁이가 되고
중간 추에 맞추고 사는 날이 그리워질 때 있다
안개 낀 날에 쉽게 허덕이고 수렁에 빠지는 날 있다
한 달에 하루 이틀은 허전함 데리고
둥그스런 달 항아리에
들숨 날숨 모시고 놀고 싶은 날 있다

인연: 일곱 송이 백합

언니야, 만남이 시작되자 이별이 왔다
이별이 시작되자 만남이 왔다

만남일 때는 '봉오리'로 오더니
이별일 때는 '나팔수'라는 조각으로 갔다

누나야, 일곱 송이 백합이 내 옆에 앉아
청명한 노래를 일곱 번 부르고 있다
이 세상에 오는 식물은 양면성 날개 감추고
상큼한 장작불과 기센 바람에 고아져
활화산이 되가는 것 서로 엉겨 붙어

길쭉한 초록 잎 줄기는 하루 이틀살이 모순으로
흰 나팔은 자명종 부름 째깍째깍 소음으로

그 하이얀 빛깔과 향기의 승리를 냉동 나라에
숨기고 싶었다 자연이 재촉할 때 가는 길을
얼리고 싶었다 그러나
옥 같은 인연을 눈빛 속에 가두어 둘 수밖에 없었다

거리두기

보은 속리산 법주사의 대웅보전, 쌍사자 석등, 팔상전이
조금씩 헤어져 있는 사실을 보았나요

셋만이 아는 사이의 황홀함을
살뜰한 긴장감과 꼿꼿한 여유를

어깨 넓은 끌림 영혼 같은 울림 신라인의 화려한 광기
이 떨려오고 소름 돋아 퍼지는 간격 유지
법주사만의 자존감입니다

그곳에 가면
사랑할수록 어느 정도 떨어져 있어야
아름답다는 법문 꼭 들어보세요
쌍사자 석등 네모 구멍으로 비춰진 세상도 보시길

운명의 거리두기
풀어 낸
정교한 침묵
360° 돌려 깎기한 것처럼
빛나는 고요
깎여 나간 북 소리

부모와 자식 사이 친구와 우정사이 세월과 네 안의 나 사이
알맞게 숙성된 공백두기는 불멸의 자리를 지킵니다
산수화의 여백두기와 같이

학교에서

급식소 영양사 선생님과 조리사 여사님들은
아이들 근육 키워 주는 신의 마법사
내 자식에게 밥 준다 이런 엄마 생각 없이는
일 못하는 곳

사랑주고 지식 뿜어주는 선생님들은
아이들 정신 키워 주는 신의 전령사
내 자식에게 꿈 준다 이런 아빠 엄마 생각 없이는
일 못하는 곳

그리고 한 끼 식사 그 속엔
농부의 애간장 천 그램 맺혀 있지요
제일 중요한 하루 배움 그 속엔
영롱한 눈망울 샘솟듯 살아 있지요

아이 한 명 한 명 잘 자랄 수 있도록 많은
관계자들이 함께 노력했다는 걸 나중에
알게 되지요 아이들은

정성의 힘 먹고 즐거움 뜯어 얼굴에 바르고
파아란 느티나무 되지요 아이들은

선구자 노래
- 성악가 테너 김승일 님이 부른 노래는 여운이 길게 남는다 -

피울음 용정땅에 진달래꽃 피울 때
끝없는 만주벌판 꿈 속에서 달린다
대한독립 부르짖어 별무리된 선구자
지금은 천상에서 아름답게 피었나

고국땅 사람들아 지난날이 그리워
가족을 생각하다 가슴 속에 새겼네
대한대한 꼭-찾아 동지들과 가리라
그 날을 기다려라 외쳐보자 만세를

씨앗을 뿌린 사람

안동에 가면
청포도 고장 이육사 선생님 있네
안동에 가면
강아지똥 권정생 선생님 있네

옷자락 잡을 수 없기 때문에
애 – 가 – 타 – 애 – 가 – 타

시대에 돌밭 갈아 씨 뿌려
추운 상황의 매운재를
종이 헝겊에 문자 향기로 물들였네

시와 소설 푸른 돌절구에 빻아서 빨갛게 달구웠네
한 사람은 264번 이름으로
또 한 사람은 한티재 하늘 이름으로

좌절과 운명을 진정 사랑했네
그래서 네모난 수레바퀴 돌린 사람
모국어와 고향을 애타게 그리지 않았다면
우리는 강철로 된 무지개, 광야, 조탑리
단발머리 몽실언니
만날 수 없었다네 씨앗은 또 다른 사람을 낳았다네

코로나19여, 안녕 · 1

까만 우울이 터져 홍수가 난 지구촌
탱탱한 얼굴무늬 잃은 2020년 2021년 2022년

굴러다니던 작은 입 가리개
갑자기 투탕카멘의 황금 마스크처럼 돼버린 사연

외출 악수 팔짱 외식 축제 여행 모임
이 소소한 움직임을 도난당했다
해와 달이 일그러진 세상 만났다

송장 메뚜기 큰 부리 까마귀 흡혈귀 흙비 까만 눈송이
풍선 쫙 빠지듯 기분이 쭈그려 들 땐 왜 연상되는
이미지들도 싱싱한 채소나 과일답지 못한 걸까

코로나19여, 안녕 · 2

앞으로 얼마큼 더 얼굴을
반으로 접고 살아야 하나요
우리가 얼굴 깨진 반쪽 수막새도 아니고

참 살다 살다 별꼴 다 보네요

사람이 사람과 소통하는 것이
죄짓는 거래요

꼭 진흙탕에서 뒹구는 기분이네요

학교 식당 공항 노래방 헬스장 도서관 세탁소 펜션
모든 곳이 마비 돼버려 사람 없는 미술 전시회 같아요

아, 웃고 있어도 이마가 찡그려지네요

코로나에 걸려 넘어져 본 사람은 알아요
허리가 두동강(두만강이 아니에요) 나는 고통
의욕 상실
폐부를 찌르는 기침 응급실을 갈까 말까
방황케 하는 고열

백마 탄 왕자님 양보할게요
백마 탄 백신님 어서오세요
딱 한 번의 수액만이 필요해요

바닷가에서

청주에서 영덕까지 눈송이 맞으며
8색조 여인들 여행 떠났다
장터에 깔리는 아주머니 아저씨들의 맛난 사투리
빨간 다라에 넘쳐 간택 기다리는 바다 속 인삼들

바람의 꽃 풍차 덩실
은빛 캡슐 팬션 둥실
있을 건 다 있고 없을 건 다 없는
백설공주도 울고 갈 작은 오두막집
큰 소라가 귀를 열고
물결 소리 꿀꺽

눈가루 맞아 호호 할머니 되어도
산뜻하게 살아요 밥과 술이 고플 땐 언제든
외면 말고 받아줘요 해초 같은 여인들아

모래 종이에 편지 쓴다
행복은 내일 있는 것이 아니라 오늘 있는 거라고
옥빛 깔깔 거리는 저 물결 떼 우리들과 얼굴도 닮은
이쁜 강구항
모두 지금 이 순간 선택된 자유를 즐기자고

파도타기 하듯 행복타기도 해 보라고
주황빛 햇살이 숨결타기 하면서 알려주었다
비밀스럽게 요염하게

나는 신라 여인 수막새이로소이다

미소 꼬리 긴 여인이 내게 왔다

호박씨 만한 두 눈 잠을 더 자려는 듯 막 깨어나려는 듯
반달 모양 입술은 저고리 소매 닮았구나
인간 최초 단발머리한 수막새기와
천년의 길 타고 들풀처럼 온 인자한 유물
푸근한 나래 새 문명타고 고풍스럽게 반죽되어
빚어져 환생한 LG 얼굴
토기 잔에 나비처럼 내려앉은
당-신
신라인의 정체성 밝히려 서라벌 어느
기왓장 아래서 온
당-신
흙 하나로 예술 혼 반란 일으킨 나의 할아버지
불멸의 나라 만든 조상님
견고한 얼굴무늬 근육 꿈틀
작약꽃 봉우리 웃음무늬 닮았구나
세계인의 가슴에 카네이션 달아 주듯
이토록 동그란 달빛무늬에 살쿵
말을 하려는 듯 하지 않으려는 듯 새침때기 같지만
완벽하지 못해서 완벽한 영혼 된 여인

흰 안개꽃 화관 만들어
고운 이마에 얹어 줄게
아니 상처 받은 볼에 달아 줄게
내 짝사랑 수막새 여인아

순신 오라버니 · 3
– 9월의 노을과 임진왜란 –

커튼 없는 창
작은 방 서쪽 닫힌 창문에
9월의 노을이 비쳐 들어왔어요
붉은 커튼은 무서워요 저녁 허공을 떨게 하니까요

피바다 되어 이글거리는 창
뭉크의 절규 같은 세상 아니 더 요란한
깊은 비극을 보았어요
1592년 4월, 검푸른 바다가 핏빛으로 변해
이 방으로 쳐들어온 거에요

장군들과 깨어 있는 자들 간신들
알고 있었죠 그걸 모르면 등신 병신이죠
이 지루한 고난이 물러나면 선조 왕이 전쟁의 책임을
누군가에게 뒤집어씌울 거라는 걸
파리조차 비웃는 것을

순신 오라버니!
1598년 11월 관음포에서 있었던 노량해전은
잊을래요 아니 죽도록 지울래요
마지막 싸움이다 여기고

끝까지 도망치는 자 끝까지 죽이려는 자
허 – 망 – 했 – 어 – 요

순신 오라버니 · 4

그날의 총끝 칼끝 허허로움 허기짐
그날의 울부짖는 거북선 목이 없는 장수와 병사들
기필코 살고 싶었으나
살 수 없었던 그날
기 - 인 싸움은 끝나고
조선은 울지 못하는 폐허가 돼버렸지요

우리는 명쾌한 삶을 노래해야 해요
피리를 불면서 등불처럼
아산 통영 남해 가봐야 해요
피리를 불면서 들불처럼

순신 오라버니!
빨강 바람이 불어 옵니다
칼춤을 추며 달려들던 파도는
한산 앞바다를 멍들게 했죠

물 안에서 흐느끼며 잠드신 이들이여
석양이 붉은 커튼을 데리고 물러나고 있습니다
동백섬으로 섬들이 피어났습니다 호젓하게 빳빳하게
위로받지 못한 섬들이 가장 빨간 빛으로 피어났지요

올 2022년 여름을 달군 영화
'한산, 용의 출현' : 김한민 감독
박해일의 단호하면서 귓가를 맴도는 명대사
"발 – 포 – 하 – 라"
이때는 침묵이 금이었습니다

영화 끝나고 나오는데
한 초등학교 저학년 여자아이가
"엄마, 나 끝에서 울컥했어" 이런 말을 하더군요
그래요, 대한의 아들아! 딸들아! 울컥한다는 건
지금 나를 사랑한다는 거예요 내일은 더 밝은 미래가
뜰 거예요

교산 허균 · 1

사백여 년 전 8월의 한낮, 창덕궁 인정전
인간답지 못한 사람들이 참을 수 없는 풍광
찍어 내고 있었다
향기롭지 못한 그을음 속에서 떠난 당신
짓이겨진 피비린내 억악억악 풍겼다
뒤따라올 미래의 먹구름장 예견하면서
혈액 도는 살점 하나하나 책 그늘 속에 한 장 한 장
끼어졌다, 문체로 살아났다
당신께서 꿈꾸던 세상 참 멀기만 한 길
여우 살쾡이가 서성되는 나라에서 동굴 속의 먼지
돼버린 색깔 가득 찬 희망
이조의 바람 속으로 꿀꺽 넘어갔다 타들어갔다
할 말 있다고 외쳤지만 늑대가 침묵시켰다

인간은 비밀이 왜 이리 많은가

교산 허균 · 2

「잊혀 지지 않으면 좋겠소. 내 글 내 방황 내 설움이. 내 화려했던 50여 년이 못되는 세월이여. 천재가 날개 꺾였다고 가련하다고 말하지 마오. 나 같은 사람도 있었다는 것이 훗날 재미있는 일이 될 것이오. 비록 더 놀지 못하고 가지만 가난한 백성을 사랑했고 슬퍼도 울 수 없었던 전쟁 피고름 안고 가오. 이이첨 기준격 이 사람들아, 역사의 한 페이지가 두렵지 않느냐. 왕이시여! (광해군) 달이 뜨는 밤에도 사모했습니다. 어지러운 세상은 혁명을 개혁을 요구했지요. 부디 백성을 돌보십시오. 전하는 저를 아껴주셨지요. 저는 갑니다. 전쟁 시에는 부인을 잃고 아들도 잃었습니다. 이제 황홀했던 햇살마저 잃었습니다. 그 이름조차 부르기 애절한 허난설헌 누이도… 이조의 나라 우물터에서 방울새처럼 떠돌아 다녔소. 먼 훗날에 나를 그리워하는 자들이 반드시 나올 것이오. 내 학문 내 예술 내 삶, 사랑해 주는 사람 꼭 있을 것이오. 그날을 위하여 나 살겠소. 어둠의 잔을 들겠소.」

그렇게 서리 맞은 괴물은 방랑객다운 괴물은 고뇌를 업고 고향 땅 비린내 살 비린내 거두고 날아갔다. '그래도 빛나는 태양은 온다…' 그러면서

흥선 대원군과 고종 그리고 민비

철조망 쳐진 궁궐
무서운 관계의 그물망, 가족의 친밀도 검사 결과:
-100
곧 터져버릴 화약고, 목표지점이 제각각
한 나라의 운명은 삼두마차에 올라탔네
극과 극을 달리는 아군이 적군이 됐네
결이 다른 세 사람의 인생관: 말에 올라탔네

대원군: 아들 며느리와 타협했더라면
        세계정세를 빨리 읽어냈더라면
        그래도 초기 10년은 정치를 잘 했음, 인정

고종: 백성을 내 자식같이 사랑했더라면
     새 시대상을 읽어 개혁했더라면
     그는 불행하지 않았을 것임.

민비: 가정의 평화부터 생각했더라면
     내 백성의 굶주림부터 챙겼더라면
     하루아침에 신데렐라가 되었으니
     괴물이 될 수밖에

역사를 뒤바꿀 수 없음을 뒤바꿔서 입히는 건
정말 피곤한 일, 최소한 아버지와 아들이 끄는
쌍두마차라도 힘차게 달렸다면

내시 김처선
- 연산군 때의 충신 -

일곱 명의 왕들을 모시니 (세종, 문종, 단종, 세조, 예종, 성종, 연산)
꿈속에서조차 어버이 같이 사랑했노라
광풍이 몰아칠수록 백성들의 민심이
떠나가니 이곳의 땅이 온통 먹빛이구나
내 몸은 비록 활과 칼로 부서졌지만
내 가족 내 집 내 고향 쑥대밭 되었지만
할 일 할 말 다 끝마치고 가는
이 외로운 길은 여한이 없노라
후세 사람들이여!
두 번 다시 이런 애절 통한 일이
하늘 아래서 땅 위에서 일어나지 않기를…

제주 무명천 할머니
    – 고 진아영 할머니 모습은
      4·3 시대를 알리는 표상이 되었다 –

가 보세 가 보세, 무명천 할머니 만나러
종일 대문가에 쪼그리고 앉아
누구를 기다리네, 오지 않는 누구를 기다린다는 것
음… 외로움 덩어리가 천장에 겹겹이 쌓여 가네

까만 섬에서 태양과 함께 유린당한 시대
어둠 먹은 총끝이 턱을 쐈을 때
한 여자의 일생은 이미 폭풍 속에 젖었네

아무 죄 없는 새들은 먹을 것이 없었다오
스스로 거룩하다고 칭하는 자들, 피 벌레를 버렸다오
은박지나 금박지처럼 화려한 꿈을 꾼 건 아니라오
무인도에서 홀로 무명천 쓰고
무채색의 텃밭 가꾸었다오

이제 눈 감으니 편안하다오
훈풍이 고름 살찌게 하는 여름날
무명천 턱에 안 써도 좋고 긴 시간 폐광촌 같았던
고통과 이별할 수 있어 좋다오
쪽파 잎이 눈부시게 넘실거리는 물결
내 마당에 심었던 꼬리 달린 선인장 가시
보여 주오 부디 복된 세상 살다 오시오 내 아가들아

장미는 떠난다 · 1

계절의 먼 숲을 빠져나온 대지
눈길 닿는 곳마다 공기가 빨개졌다
초록치마 빨강저고리 엮은 넝쿨 장미 여왕
눈이 아프게 시리다
또 때가 되면 장미는 녹을 것
빗물에, 흙바닥에 깔려, 향기 흔들며

장미는 떠난다 · 2

5월의 세상 흰 각설탕보다 달다
6월의 아침 푸른 샘물보다 맑다
더 붙들고 싶은 사람 배웅해 본 자만이
알리라 저녁놀 숨어 들어가는 비밀의 대문을

음력으로 단오가 오기 전까지
장미는 찰나의 기쁨 영광 열정
뿌리고 갈 것이다
기차 유리창 칸칸이, 장미 다발 실은, 이별 흔들며

한라산 · 1

당신은 만만치 않은 가벼움
제주의 대동맥인 당신은 제주 물결이
피부 속까지 뻗어 흐르는 산
성판악에서 진달래 대피소까지 우는 아기
달래 주는 엄마 품 같아 평화 그 자체
지잉지잉 오르고 또 올라 정상 기념비 앞에서 찰칵
아, 내가 진정 첼리스트라면
백록담 옆에서 현을 울리고 싶다
'한라산만을 위한 변명' 현을 하루 종일 키고 싶다

나무, 조릿대, 산새, 큰 부리 까마귀
현무암 돌멩이 밭, 하늘 밥그릇
고조선에 온 것 같은 이 풍경
과거 현재 미래 흐르는 밤에 별을 딸 수 있는 백록담
구름 배라도 잡아타고 놀 수 있는 호수
삶과 죽음 각각 천년 산다는 하이얀 고산목
견고한 듯 외로운 듯 호젓한 쇠의 노래는 뭘까

지나친 경치는 왜 눈을 감게 할까

한라산 · 2
- 4 · 3 그날을 위하여 -

타오르는 숫자는 번개다 천둥이다

그날 물결에 응고된 터널 있다
그날 숨결에 냉동된 풍경 있다
그날 꿈결에 터져 버린 화산 있다
그날 살결에 박혀 버린 화석 있다

백록담에 싱싱한 힘줄 흐른다
짓밟힌 사슴 메아리 불 붙는다
음음 - 불타는 하늘 바다
음음 - 불타는 고향 젊음
음음 - 불타는 내 아버지 내 어머니

시간은 다시 흐르고 흐르고
한라산 아래 돌하르방 모자에
동백, 피고 지고 지고 피고

유묵은 유품이 되어

  우리는 알아야 한다, 찢어진 구름송이가 떠오르는 호랑나비 되고 호랑나무 된 사연을, 한 남자의 빗물에 젖은 청춘 일기를, 깊은 슬픔의 기도 쿠욱 풍겨옴을

  110여 년 전 하얼빈에 울린 총성
  아무리 강심장이라 하여도 그날
  방아쇠 당긴 당신은 속으로 울었을 것입니다
  어머니가 살아 있으니까 아내와 자식이 살아 있으니까
  편안함을 버리고 땅 끝에 홀로 서서
  고독과 가난과 절망감과 희망을 위해 싸운다는 것
  31살의 떫고도 얼음장 같은 목숨 앞에
  그것은 말로 표현할 수 없는 숨찬 영역 빛나는 어둠
  그래서 당신은
  짓뭉개진 강을 건너고 빗속을 뚫고 가셨습니다
  이승과 저승 문턱 앞에서 흰 두루마기 입고 의자에 앉아
  찍은 마지막 사진
  '한 인간의 숭고한 아름다움'이라고 말하기엔
  눈물샘 고입니다 사계절이 물결무늬 소리와
  물 비린내 물고 오듯
  너무나 사무칩니다 그날의 두 눈은 두 손은 흰 옷은
  알고 있었지요

엄숙한 아름다움은 다시 태어난다고, 죽지 않는다고
고산목처럼 단단해 보여도 한 인간입니다
고향땅 풀 비린내 그리웠을 한 인간입니다
일본인 손에 죽으면서 일본인에게
수많은 유묵 써 준 사람
문자 속의 체취는 살아남아 그것이 보물이 되었다지요
안중근이라는 사람은 갔어도 침묵처럼 갔어도
북두칠성답게 환하게 깔려 있습니다

아직 서울 효창 공원에 모시지 못한 당신의 유해
곧 그날 십자가 끝에 뭉그러진 외로움 거두겠습니다
'경천'이라는 묵향밭과 유품숲에 타오르는 세상
사 랑 하 겠 습 니 다 당 신 으 로 인 하 여

구인리 · 11
- 아버지와 신문 -

신문지 넘어가는 소리 찰랑찰랑
안방에서 마루에서

인쇄된 잉크 문자 향기는 아버지 밥 냄새
한 장 두 장 다 읽은 날은 먼 여행 갔다 온 날
눈으로 걸어서 입으로 날아서

낮잠 들었다 꿈 속에서 듣는 사각사각
글자 씹어먹는 소리 상큼하게
버들산 골짜기는 머릿결 식혀 주는 선풍기

신문 편지 새농민 잡지 몰고 오시던 우체부 아저씨
빨간 가방에 새소식 담아 오시던 둥그런 모자 아저씨
신작로에서부터 오토바이 바퀴 굴렁굴렁
햇살 빳빳했던 그날들
아버지 최고 짝꿍은 신문이었어요

구인리 · 12
- 가을이 버진 10월 -

구인리 초록 대문 집에
엄마 제삿날로 모인 가족
아버지는 새벽부터 자식들 기다리느라 잠을 설쳤으리
아들 딸 며느리 사위 손주 조카까지 모여
절 올리고 음식 나눠먹는 기쁨
소주 막걸리가 뱅그르릉 찬 가을밤 기온이 추그르릉
시골 골목길 울리는 웃음이 방그르릉
밤벌레가 딱딱한 껍질 뚫고 나오 듯
까만 무명천 사이로 두꺼운 어둠 빠져 나오는 사파이어
부엉이 제비 철새 까치 꿩 옛 사람들
다 어디로 날아갔을까
오늘은 좋은 날 가슴 밑바닥에 초록 샘 고인 날
보은에서 마시는
가을밤은 포도송이 단맛이 고향에 절여지는 날

구인리 · 13
- 둥그런 모닥불 앞에서 -

작은오빠는 온 식구가 모인 즐거움 감추지 못하고
사철나무와 단지들이 소곤거리는 뜰에
모닥불 피운다고 난리다(형제 위하는 마음은 보물급)

거실에서 1차 뜰에서 2차 인생놀이 달려 보자
꽃불 타는 밤 두둥실 깔깔 짝짝…
시골스런 얘기 보따리 밤공기 따라
시뻘건 불길 타고 훨 - 훨

흥에 겨워 불씨 점점 세게 태우는 오빠
'아, 저러면 고구마 감자 다 타는데…'
냅두자 삶이라는 놈도 어느 날은 맑다가 흐리다가
꺼멓게 타는 것을

어느새 치자꽃밭 되어가는 사람들
속으로는 아직 청춘이요 할 텐데
각자 묘하게 불 멍 때림 하다가 웃다가 공중으로
'정'이라는 화살 쏘아 올렸다

그때 아버지 방 창가에서 감색 빛 도는 무언가가
진하게 흐르고 있었다 세월과 인간관계는

수만 겹 층층을 이루며 흐르는 강물 같기도
뻣뻣한 햇살 같기도
카시미롱 이불 같기도 한 거라고

구인리 · 14
- 가벼운 듯 무거운 듯 우리네 가락이여 -

다음 날 집 근처 엄마의 푸른 집, 절하다
소나무 떡갈나무 철쭉나무가
병풍으로 휩싸인 둥근 산
연보랏빛 구절초 향이 언니들 머리에 랄랄랄

아버지는 타작한 나락을 방아 찧어
자식들 차에 한 푸대씩 집어 넣는다
금싸라기 황금 곳간 열어 밥이 보약여 라며
노동의 힘으로 논에서 키운 자식
혈육으로 빚은 새끼에게 주시는 것

때론 비 오는 날 논두렁에서 물꼬 트인다고
미끄러지기도
태풍 거세게 부는 날 벼가 쓰러질라
애간장 다 태우기도
가을 금빛이 벼꽃을 쓰다듬어 줄수록
벼 익는 고장에 취하셨겠지

가벼운 듯 가볍지 않은 무거운 듯 무겁지 않은
흐르는 물살, 한 어버이의 태백산맥 줄기 심고
잔 물방울 마당 귀퉁이에 숨기며 모두 떠난다

만남은 해가 뜨는 시각만큼 짧으나
이별은 긴 실타래만큼 길다
붙잡고 싶은 아가들 떠나보내고 또 홀로 주방에 서서
찬 막걸리 한 사발 윽 - 윽 들이켰을 걸 아부지는
목메임을 안주로 서러움을 까치 울음으로

생명 있는 자들은 어버이의 그늘 진 옷자락과
쌀자루에서 풍겨오는 밥 냄새 흙 냄새
잊을 수 있을까?
향그럽고 뜨거운 고향을, 평생을

구인리 · 15
– 마구적 먹던 날 –

담장 아래 자라고 있는 초록 신부 부추
그물로 거른 뽀얀 햇살 쬐고 있는 햇부추
밀가루 반죽하여 부추 애호박 양파 쪽파 감자
청양고추랑 섞어
*마구적 꾼다 섬 같은 마을에서
화전보다 더 향긋한 달전 먹는 아버지와 딸
(이럴 때 막걸리가 빠질 순 없지)
아버지는 언제부터 알고 있었을까
모든 걸 버려야만 얻을 수 있다는
인생의 황금비율을 강 같은 평화를
자식들이나 지인들이 오면 반갑고
안 와도 슬프지 않다고 하신 말씀 그건 거짓말
소박한 술상 위에 상쾌한 맛과 명쾌한 공기가
널뛰기 한다 얇포록한 낮 보름달을
봄볕 튀겨내고 있는
4월 아래서 먹는다
두레상 펼쳐놓고 고소하게
제비 날아와 처마 밑에서 합창하는 오늘
(아버지는 제비 집 밑에다 나무판자 달아 줬다.
제비표 들마루)
마당 여기저기 철쭉 그림자 튀고 있는 오후

흰색 분홍 연분홍 꽃분홍 진분홍 나는 지금
여왕보다 행복하다
아, 그러나 내일 또 가야 한다 구순의 노인을 두고
새로운 만남을 위해 반드시 가야 한다
어느 날부터 얼굴 표정 잘 바꾸는 마술사가 돼버린
나

*마구적: 남은 재료 가지고 마구 부친다 하여 붙여진 이름
　　　　충북 보은 사투리

구인리 · 16
- 아버지와 세숫대야 -

마당 샘 옆 얌전하게 앉아 있는 세숫대야
번쩍이는 은광 스테인리스 옷 입고 사철나무 집 지키네
아버지 군대 제대 후 할아버지 선물로 사왔다는 그대
64년간 흙바람 맞으며 장수 되가는 나그네
이왕 여기까지 온 것 100년 이상 가자… 아자…
내 아이들 또 아가들이 이 대야에 손 담근다면
5대 문화유산 될 것
오래 전 대가족 시절 펌프 물 나올 때
이 작은 강물 안에서 오이 빛 거품 마구 풀었지
지금은 안식년 중인 그대, 가끔은 홀로 있는 모습
가슴 찡하지
순할 땐 순하지만 한 번 뒹구르면 꽹과리 저리 가라지
도둑놈이 왔다 잘못 밟고 지나가면
아마 잡히고 말 걸, 깔깔
고려청자가 아니라서 조선백자가 아니라서
늘 편하디 편한 은 달덩이
비가 오면 사랑스런 빗방울 떨어지리
바람 불면 고풍스런 나뭇잎 떨어지리
꽃이 피면 향그런 기다림 떨어지리
눈이 오면 순결한 그리움 떨어지리
까치 날아와 물 고인 그대 품에서

물 콕콕 찍어 먹으리
별빛 달빛 내려와 하늘 바래기 그대 품에서
강 건너리
아버지와 함께 산 세월 존중해 주리. 하늘만큼 땅만큼
은덩이 은하수 물길 안에서 은종이 하염없이 울리네
퍼지네

하늘을 나는 안창남

어깨와 심장에 날개 달린 비행기 조종사
백 년 전 손바닥만한 공중 창끝에 앉아
인생의 길 물었네, 일본에서

남의 나라 손 시린 비행기 끌고
도쿄 경성 상해 오가며 너무 일찍
수렁에 빠진 악마의 구덩이 보았네

불붙는 청춘 불타는 의지
제대로 열매 맺을 줄 알았네
관동대지진 때 본 지옥의 문, 동포의 눈물
단비 내릴 줄 알았던 젊은 날
눈동자 없이 냉동되어 버린 사람들, 보았네

조국 속에 박히는 작은 물질이고자
애썼네, 펄럭이는 이름 석 자 고국 와서 박혔네

떴다 떴다 안창남
보아라 보아라 안창남
난다 난다 *금강호

*금강호: 1922년 고국방문기념 비행 때 선보인 비행기 이름

메주콩의 변신 · 1
- 두부 이야기 -

사각 나무틀에 거친 삼베 보자기 깔아
무거운 돌멩이로 순두부 눌러 주면
네모 눈뭉치 고열량 두부 탄생

겨울, 구진한 날
땅 속에 묻어 둔 독에서 김장김치 꺼내
솜이불 두부와 싸먹으면
혀와 지하 뱃속은 발광… 났다

솜구름 씹어 먹는 맛에 머리가
설악산 흔들바위처럼 흔들
꼬소한 향은 배로 증가하여
으깨어진다 참혹하게 깊은 방에서

잔치 같았던 그날들
여인네의 삶은 애절한 눈부심 낳았다
집집마다 화단에 꽃씨 뿌려져 집안이 밝아졌다
은방울꽃 피었다 지금도 방울소리 귓전에 짤랑

사랑방 뜨락 댓돌 위에 피던 허연 고무신이여!
아침 정지문살 틈으로 새어 나오던 광선들이여!

메주콩의 변신 · 2
― 순두부 이야기 ―

들어가는 문:
이야기꾼 할머니 맘씨 좋은 엄마
우스갯소리 잘 하는 작은 엄마
설이나 추석이 다가오면 세 여인은
머리에 수건을 쓰고 두부를 만드셨다

한참 불린 메주콩
드르륵 쾅 천둥소리 멧돌
쇠죽 끓이는 큰 가마솥에
뽀얀 국물이 부글
큰 빨간 고무다라 위에 갈짓자 나무받침대 놓고
고운 면 자루에 콩물 퍼 담아
절구공이로 짜준다
콩 국물에 간수 넣어 아이만한 나무주걱으로
끙끙 저어 주면 영양 덩어리 순두부 탄생

쇠죽 끓이는 사랑방 할머니 방은
점점 끓는 불열기로
구들장과 가까운 아랫목 장판이
빨갛게 단풍이 들었다 원숭이 엉덩이처럼

목화송이 몽글거리는 순두부
눈송이 둥둥 떠도는 순두부
부추꽃 아련히 핀 순두부
한 사발의 그것은 들 찔레 맛
세 여인의 수다 맛 땀내 맛 사랑 맛이었다
안마당 뒷마당에 수놓은 지독한 그리움 맛이었다

메주콩의 변신 · 3
- 조선간장 이야기 -

아버지와 엄마는 내가 헤엄쳐도 좋을만한
아이 열 명은 임신한 여자 같은 큰 단지에
배가 불룩 튀어 나온 흑갈색 도는 간장 항아리에
옻나무 토막 집어넣어 집간장을 더욱 찐하게
삭히셨다 그래서 오래 묵어 짠 내가 풀풀 나는
조선간장 덕분에 옻닭을 먹어도 옻이 오르지 않는다

콩나물밥 무밥 깻잎무침 호박전 이런 요리에
조선간장 없으면 섭하지 (바람 떡에 팥고물 없는 그것
은 절교), 그래서 나는 당신을 조선의 최고 양념장
'임금표 집간장' 이라 부른다

'어둠의 강물' 은 365일 저 자신을 우러나도록
일생을 태운다 태양 아래서 달빛 아래서 검푸르게
칼칼하게 쥐 죽은 듯 조용하게 평온하게 일생을 달군다
그래서 나는 당신을 '짙푸른 강의 고고함' 이라 칭한다

오늘도 미역국 오이냉국 샛노란 참외냉국 가지냉국에
잘 익은
강물 한 국자 푹 퍼 올려 간 맞춘다 그리고 장 단지
비단물에 하양 종이배 띄운다 과거지향적이든

미래지향적이든 삶을 노래하자고

나가는 문:
전 세계가 코로나로 고통 달고 사는 지금
태풍 맞고 자란 콩 요리야 말로 순도 높은 백신

그렇게 소나기 퍼붓듯 흘러간 세월
박태기 분홍 구슬꽃과 연하디 연한 노랑 감꽃이
날아갔다 어느 날 할머니 엄마도
'구인리 사랑 맛 두부표' 남기고 떠났다
장독대 식구들 데리고
그때 그 흙 비린내나던 햇살은 왜 그리 잊을 수가
없는지…

결국 추억의 액자는
되돌아갈 수 없기 때문에
그립고 아쉬워 빛나는 법
순간이 영원으로 불멸이 영혼으로
행복이 어디 별스러운 존재던가
마음 안에 콩 같은 단단함 콩콩 박고
뜨겁게 가뿐하게 살면 그 – 뿐

메주콩의 변신 · 4
- 비지장 이야기 -

비지 찌꺼기를 대나무 소쿠리에 담아
따뜻한 아랫목에 모시고
헌 이불 덮어 하룻밤 띄우면
환상의 맛 비지장 탄생

겨울이 호롱호롱 익어가는 날
허연 문풍지 파르르 떨게 하는 눈보라
둥근 쇠 방 문고리 쩍쩍 얼어붙는 저녁

군불 땐 안방 붉은 화로에서
까만 장 뚝배기에 비지장이 보글
대 식구들 모여 입천장 홀라당 데워가며
먹는 식사 우주는 이런 작은 소박함 덩어리로
시작하는 법 장지문살 밖 빨래는 동태가 돼가고
흙 마당 골이 패인 발자국도 꽝꽝 얼어 갔다

동그라미 두레상 둥그런 화로 동그란 뚝배기
쪽 찐 머리 할머니를 대장으로 붉어 죽죽거리는 금빛
먹었다 공자 루치아노 파바로티 파블로 네루다
이들도 둥실둥실 맛 겨울밤에 먹어 보았을까?

리진에게 · 1

- 신경숙님의 '리진'에 홀리다. (실제 있었던 여인)
  2017년 여름에 쓴 편지 붙이지 못했다 -

리진
그 먼 나라에서는 비가 많이 오는지 눈이 많이 내리는지 궁금하다 여기 청주는 매미가 밤낮없이 울부짖고 있어 쟤네도 서러운가봐 은방울 아무리 생각해도 그렇게 가는 것이 아니었어 낳은 정보다 기른 정이 더하다는데 반촌의 서씨
어머니에게 제일 큰 상처 주고 갔어 너는 사람은 누구나 말 못 할 고민이 백가지 있는 법 다들 죽고 싶다고 가족을 남겨둔 채 신발짝 벗어 던지듯 가버리진 않아 바람이 불면 바람에게, 나만의 정원 꽃과 나무에게 하소연하지 거의 대부분 사람들은 우는 듯 울지 않는 듯 묘하게 풀어 가슴 속 골짜기에서 검은 고름이 콸콸 울렁거려도 속 시원히 짜버리지 못하고 새로운 날을 또 맞이하지.

리진에게 · 2

은방울
울고 있구나… 그 먼 나라에서는 네가 사랑한 사람들과 함께 사는지 애가 타 미치겠어 오늘 바로 너에게 한 다발의 다알리아꽃 안겨줄 수 있다면 덕수궁 돌담길을 둘이 손잡고 산책할 수 있다면… 궁에서 있었던 일들은 모두 잊어줘 아가들이 어제 일을 잊듯 미친 사랑 노래도 미친 역사의 껍데기도 콜랭이 너의 흔적을 아침 이슬과 같이 생각하고 모두 지웠어. 버렸어
사랑을 그릴 땐 뼈라도 갈아줄 것 같더니 한강물을 다 퍼줄 것 같더니 조선만한 배라도 사줄 것 같더니 사랑을 지울 땐 눈물 한 방울 아까워하더라
너 떠나고 길린이 10여 년 동안 조선에 있으면서 네 묘지에 한번도… 너만의 길린은 그렇게 너를 잊혀 갔지 파리 생활이 힘들어 조선에 다시 왔을 때 콜랭이 너의 마음을 강가의 조약돌 보듯 훤히 봐 줬더라면. 모로코 탕헤르에서 콜랭이 쓴 편지가 왔을 때 정말 기뻤어 하지만 별처럼 아름답고 태양처럼 뜨겁다는 사랑의 이중주 소나타 곡은 날아갔어 수정 빛 얼음이 녹아 제자리에 그림자와 허물을 남겨 두지 않듯 슈베르트 겨울 나그네 중 '보리수' 노래만 흐느끼고 있어.

리진에게 · 3

왕방울
내면의 갈등은 주야로 고통을 갈아 마시고 고뇌는 물처럼 공기처럼 하루를 적시지 여름밤은 짧고 밤새 선풍기는 달달 돌아가고 그 소리와 내 몸이 뒤척이는 따가움에 맥문동 꽃은 피어나더라 새벽빛으로 보랏빛으로
은방울 너와 견줄만한 친구를 찾고 있으나 쉽게 나타나질 않네 나비가 되어 훨훨 날아간 너를 언제쯤 활활 웃으며 보내줄 수 있을까 금 조각 아직도 씹고 있는 너를
너의 최고 행복은 반촌 서씨 어머니와 강연 세 식구가 강된장에 무밥 먹을 때 블랑 선교사님한테 불어를 배울 때 아니었을까.

리진에게 · 4

은방울
그 먼 나라에서 뱀 딸기 따먹고 국화 향기 취하고 여행도 다니렴 루브르 박물관, 노트르담 대성당, 샹젤리제 거리 모파상과 '여자의 일생'을 낭독했던 봉마르셰 백화점을 다시 가서 즐거웠던 지난날을 느껴봐 그리고 너만을 생각해
빗방울이 땅 위에 후드둑 떨어져 흙 냄새가 여름 아침을 깨우는 날 경복궁 경회루 화문석에서 추던 너의 춘앵무 춤이 떠올라 이 계절을 기쁘게 해
초록이 으깨져 단풍으로 너무 일찍 갈까 봐 가슴이 사무쳐
외교관들의 파티로 분주한 그날, 서로 다른 인종의 모습 서로 다른 모국어로 떠드는 참새 떼의 울림 경회루 연못 연잎에 구르는 진줏빛 보슬비
강연의 묵직한 대금 연주 궁중 무희들의 춤 왕과 왕비의 투명하면서 허무한 눈길 (고종과 민비)… 그 풍경의 촉촉했던 아니 한 나라의 서글펐던 운명의 퍼즐 조각이 떠올라 괴로워
궁궐 금천교에서 너를 처음 보고 반한 길린의 얼굴도 귀여워 자주 생각나
돌다리에서 서로 봉주르… 봉주르… 호수 같은 눈빛

속의 절규는 읽어내지 못하면서 반짝 화려함만 쫓는 탐하는 그런 비인간적인 사람들이 지겹도록 미워. 싫어. 나는

리진에게 · 5

리진
어지러운 나라 새장에 갇혀 견뎌내야 했던 그 아픔들을 파란 소매 끝동에 감추고 산 사람들 저 약자들은 새 세상을 꿈꾸었어
평등 자유 인권이라는 말조차 모르고 산 저 이조의 가난했던 우리 할아버지 할머니
편지를 쓰고 지우고 또 지우고 쓰고 19세기에 살아도 21세기에 살아도 즐거움과 불행은 불나방처럼 따라다니니 인생에 정답은 없나봐 그래도 120여 년이 흐른 친구에게 편지 쓰는 일은 고맙고 기뻐
내 사랑 은방울!
왕방울만한 눈 속에 고독 기쁨 서씨 어머니 강연 불한사전 블랑 선교사님 보라 보라꽃 반촌 마을을 부디 잊지 말아줘 내가 살고 있는 대한민국도 죽어도 죽음이 없는 그 먼 나라에서 길린을 잊어줘 손끝 발끝이 저려오는 역사의 비극도 잊어줘
이제 나는 나만의 길을… 너는 너만의 길을…
나의 사랑 리진 나의 벗 왕방울 들장미 속 쌍꺼풀 같았던 자여
이제 안 – 녕

추신: 편지가 막 끝나가고 있을 무렵 안예은 가수의 상사화, 윤무, 프루스트 노래가 라벤더 향기에 취해 피어오르고 있었다.

실패 - 일기

단단히 준비해 놓은 글을 응모해 놓고
한 주 한 달 두 달 기다렸지요
피고름 안고 이메일 뚜껑 열 때
눈 끝에서 천둥소리 났어요

식구들과 외식하는 도중 울컥해서 홀로 뛰쳐나와
방황했어요 까만 동네를 뺑뺑 뺑뺑, 미친 헬리콥터처럼
달도 별도 뜨지 않는 하늘에서
쓸쓸함이 긁히는 소리 열 바가지 토해 냈어요

어느 별에서 또 누군가 나처럼 뜨거운 물줄기
쏟아내고 있다면 아 -
뼈들이 합창하고 뼈들이 고문당하는
정물화 같은 이 밤 잊을 수가…

긴 장마와 먼 낭만적 꿈결이
헛되고 헛된 걸까요
낙엽이 휘어져 드러눕는 이 가을은
스치고 스쳐 갈까요 나는

매 저녁마다 타들어 가는 노을을 깔고 껄껄 웃었어요

가능한 긍정적으로 그리고

'펜은 의지보다 강하다' 이렇게 노트에 적고 있는
자신을 발견했어요

잊혀진 계절은 잊고 싶었어요
아픈 계절은 아프고 싶었어요
통증의 터널을 뚫고 나온 바닷게답게

헛간에서 · 1

계절의 수고로움 끝마치고
너도 나도 들어와 앉는다 문이 없는 습기 찬 이 방에

녹슨 대못에 한쪽 귀퉁이에 그냥 바닥에 허공에
힘차게 제 할 일 다 하고 숭늉 한 대접 마시는 여유
이제 깊은 잠을 자야 하리
그러나 쉼을 즐겨야 하는데 그럴 성 싶지가 않다

손 발 부르튼 주인과 함께하는 이생 아니
옆집과 마을 한 바퀴 두 바퀴 돌기도 했지
누군가 이름 불러주지 않으면
참을 수 없는 존재가 쓰러지고 마는 신세

비록 군불 없는 냉골에서 이불도 없이 잔다마는
인간들 밥을 먹여주고 옷을 입혀주지 그것 뿐인가 ‒
한때는 교과서에도 나오는 일을 했지
역사학자나 스타강사 글 쓰는 이들이
우리를 붕붕 띄워줬어
오색 풍선처럼 그때는 온몸이 금가루로 흔들거렸어

저 먼 동학농민혁명때 얘기야 굉장했지

괭이 쇠스랑 긴 창 긴 막대기가 횃불을 밝혔으니
농민들을 따라 새 날을 따라 세상을 엎었어
총 칼 보다 무서운 건 가벼운 존재라는 걸 보여줬지

헛간에서 · 2
- 우리 인간은 농경사회의 후손이다. -

흙 구멍 뚫린 방에서 흙 냄새나는 우리는
참을 수 없는 기다림과 외로움이 좋아 좋아

누구는 반짝반짝거리지 않는다고
눈을 흘기고 가지만은
쥐새끼 똥파리 제비 까치조차 먼 세계의
소식 물고 와 우리를 유식하게 만들지
가끔 오줌을 싸 놓고 줄행랑치지만은

이제부터 우리들은 꽃 속의 벌 떼처럼 즐거워
곧 멋지고 무시무시한 토론이 벌어질 거거든
동짓날 팥죽을 끓여 먹을지
크리스마스 이브를 어떻게 보낼지
설날 떡만둣국 먹고 색동옷 입고 세뱃돈은 받을지

흰 눈은 펑펑 살구나무 가지 피부에 쌓이는데…
멍석 가마니 낫 도끼 삼태기 호미 도리깨 절구통 갈퀴 콩 타작- 탈곡기 삽 비닐 지게-작대기 망태기 비료푸대 장대 양철-물조루 작두 싸리나무-빗자루 나무-사다리 앉을뱅이-저울 풍구 농약통 똥장군 똥바가지…
…

감사합니다

여자라서 나는 감사합니다
쌀독에 쌀이 그득히 있어 감사합니다
집 안 수도꼭지에서 찬물 더운물이 찰찰 나와
감사합니다
머리 감을 수 있는 향긋한 샴푸가 있어 감사합니다
밥을 먹을 수 있는 손이 있어 감사합니다
지구를 걸어 다닐 수 있는 발이 있어 감사합니다
인생을 손잡고 갈 수 있는 동반자들이 있어
감사합니다
고요히 긴 편지를 쓸 수 있는 나만의 방이 있어
감사합니다
물보라 같은 사계절이 늘 불어와 심장을 적시니
감사합니다
월드컵을 하면 붉은악마가 되어 세계를 울리니
감사합니다

이런 평범한 삶이 시가 된다는 발견에 힘주어
감사합니다

꿈 속에서 만난 체코 프라하

새해 해맞이 갔다가 미끄러지는 일이
일어날 때가 있었다
문경새재 길은 나를 오라 했으나 순간의 바퀴는
멈추었다
체코 프라하에 갔다 안개 비 맞고 있는 기차를 타고
*토마시와 테레자를 만나러
두 사람은 두 개의 눈 천칭저울 앞에서
눈금 무게의 값을 이야기하지 않았다
한 목숨의
차가움은 구속이었고 뜨거움은 자유였다
뜨거움은 차가움의 미래를 감싸안았다
프라하 도시의 숨고르기는
오미자 신맛이 강렬하게 익듯
세월의 내부를 스테인드글라스로 장식했다
햇살이 깨진 언덕에 서서
행복을 찾는 두 사람
살얼음 부는 계곡에 서서
삶을 추구한 멕시코 화가 프리다 칼로
머리가 시린 눈밭에 서서
예기치 않은 여행길 돌고 있는 사람 사람

어긋남을 인정하고 수용하는 배를 타고
나아갈 때 구속과 자유는 얻었다

쇠구슬 쇠구름 쇠거품, 해돋이 때 피어나는 깨알 같은
물질

*밀란 쿤데라의 '참을 수 없는 존재의 가벼움'에 나오는 남.녀
주인공

◆ 시를 보내며

마지막 퇴고를 끝내는 날 눈이 펄펄 내렸다.
내가 좋아하는 눈밭을 걸으며 무심천 길을 여행했다.
도서관은 책을 눈으로 읽는 곳 무심천은 배경을 마음으로 읽는 곳.
뽀드득 뽀드득 소리, 시냇물 찰찰 소리, 새들 대화하는 소리, 사계절이 옷 갈아입는 소리, 천둥오리 가족 회의하는 소리, 내장까지 다 보여주는 나무들이 또 왔냐고 떠드는 소리, 자주 공군사관학교에서 비행 연습하는 헬리콥터 소리.
보고 듣고 가슴에 저장 시키며 돌아오는 3시간 짜리 즐거운 여행길.
물길 따라 눈길 따라 집으로 돌아오는 길은 알사탕보다 달고 유쾌했다.
생각을 버리고 강산이 변하는 수묵화 그림을 읽고 오는 낮 바닥은 흰 설탕 가루가 쏟아진듯 하했다.

잊혀가는 우리의 옛 소리, 이름을 잃어가는 옛 도구 물건, 사라져가는 옛 풍습과 전통 이런 것들에게 문자로 집을 지어 색감을 물들여 주고 싶었다.
상여 나가는 모습, 풍물놀이, 두부 만드는 모습, 여인

네들의 삶 자체였던 장독대, 농경사회의 일등공신 헛간의 농기구들.
헌 문화가 가야 새 문화가 오는 법이지만 아름다웠던 풍경에게, 시들시들했던 문화재에게 문자의 옷을 입혀 꽃을 달아 주고 싶었다.
현재의 문화도 100년 아니 10년 뒤에는 고물 취급 받게 될 것.
그러면 어느 누가 또 오늘날의 모습을 재현해 내리라. 멋스러운 활자로 맛깔나게, 깐깐하게, 끈끈하게.

또 한 권의 책을 세상에 내놓는 행위는 나에게 뿌려지는 공기가 푸르면서도 쓸쓸한 일이다. 배우가 무대에서 온 열정을 몸부림치고 내려 올 때의 허망함 같은 것. 이 쓸쓸함을 가볍게 하기 위해선 내일 태양이 떠오르면 또 달리면 되리라. 그래 또 달리자. 사계의 풍경과 사람의 풍경 속으로.
봄빛이 다가오는 날, 많은 분들의 수고로움 속에 책이 나왔습니다. 순수문학사 가족 여러분께 깊은 감사 올립니다.

> 2023년 1월 26일 목. 눈 내림.
> 작은 달 항아리가 있는
> 거실 식탁에서 이 선숙 쓰다.